DE L'INSUFFISANCE

DU

MODE ÉLECTORAL

Prescrit par le décret du Gouvernement provisoire du 5 mars 1848

ET DES

INCONVÉNIENTS FACHEUX

QUI EN RÉSULTENT POUR LA SINCÉRITÉ DES ÉLECTIONS

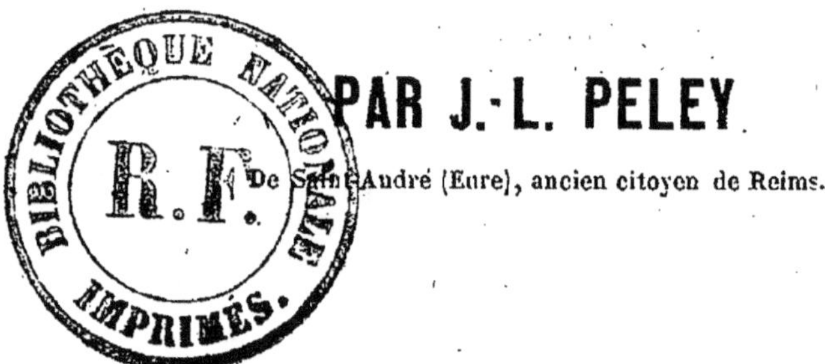

PAR J.-L. PELEY

De Saint-André (Eure), ancien citoyen de Reims.

PARIS.

SIMON, ÉDITEUR

12, rue de Savoie, près le quai des Grands-Augustins.

1848

PARIS. — IMPRIMERIE DONDEY-DUPRÉ,
Rue Saint-Louis, 46, au Marais.

AVERTISSEMENT.

Encore que nous ayons autant de considération pour les républicains du lendemain que pour les républicains de la veille, dès lors que ceux-là sont sincères dans leur nouvelle religion politique, et que ceux-ci sont tolérants dans la leur, nous ne croyons pas moins, pour prévenir les doutes qui pourraient s'élever sur notre bonne intention et en présence de ce que nous nous proposons ; nous ne croyons pas moins, disons-nous, déclarer ici que notre opinion remonte à cette époque où la science et la raison font un homme de l'enfant, et que nous sommes républicain, par cela seul que nous avons toujours considéré les royautés, telles qu'elles soient, comme un non-sens social ; par cela seul aussi que nous avons toujours trouvé absurde qu'un peuple payât de ses meilleurs deniers, à un souverain quelconque, des millions qu'il pouvait employer au soulagement des siens, et de son sang le plus pur, les caprices, les vices, les haines, les ambitions de ce souverain ; par ces motifs, surtout, comme le dit Montesquieu, que :

« L'égalité des citoyens, qui produit ordinairement
» l'égalité dans les fortunes, porte l'abondance et la vie
» dans toutes les parties du corps politique, et le répand
» partout.

» Qu'il n'en est pas de même des pays soumis au pou-
» voir arbitraire : le prince, les courtisans, et quelques
» particuliers, possédant toutes les richesses, pendant
» que tous les autres gémissent dans une pauvreté
» extrême. »

Que si quelques fois, comme en 1830 et 32, nous avons usé de moyens matériels pour le soutien de nos principes, il n'est nul de nos amis qui ne puisse dire que ce n'est que par la persuasion que nous avons exercé le prosélytisme et non par cette violence morale qui fait de la meilleure cause souvent un objet de répulsion, mais plus souvent encore un objet de mépris.

En abordant donc une question délicate et peut-être au-dessus de nos moyens, nous ne le faisons qu'à titre d'indication aux citoyens plus exercés que nous dans les rouages électoraux et que pour l'utilité d'une cause que nous voudrions voir aussi pure, aussi désintéressée qu'elle l'exige, mais surtout affranchie de ces ambitions, de cette envie de dominer, de ces tyrannies clubistes qui s'emparent des hommes; de ces influences funestes qui ne conduisent qu'au tiraillement de la patrie et dénaturent les opinions réelles d'un pays.

Pour ceux qui pourraient douter de la stabilité de notre jeune République, malgré les fautes commises, les dictatures nées ou à naître, et les désastres qui en résultent pour la liberté; pour ceux, enfin, qui rêvent ou craignent une réaction royaliste, nous croyons pouvoir leur prédire que leurs rêves ou leurs craintes seront des illusions chimériques, et que, quoi qu'ils disent ou fassent, ces paroles d'un grand homme : « La République française est visible comme » le soleil ; aveugle qui ne la voit pas, » n'en seront pas moins, elles, désormais une vérité.

PELEY.

INTRODUCTION.

Nous croyons devoir, avant d'entrer en matière, mettre sous les yeux de nos lecteurs le bilan, en quelque sorte, des diverses constitutions qui nous ont régis successivement, pour qu'ils puissent s'y reporter et les consulter au besoin :

Le 5 mai 1789 les États généraux s'ouvrirent à Versailles, et, sur la motion de l'abbé Siéyès, se constituèrent en assemblée nationale le 17 juin. On y comptait 1214 députés, parmi lesquels 308 pour le clergé, 285 pour la noblesse, et 621 pour le tiers-état. Cette assemblée, par suite du rapport du comité de constitution contenant le résumé des cahiers relatifs à cet objet (1), lu à l'assemblée nationale, par le comte de Clérmont-Tonnerre, séance du 27 juillet 1789, adopta l'élection à deux degrés, par la loi du 22 décembre suivant. Elle appela tous les citoyens actifs de chaque canton à nommer un certain nombre d'électeurs qui composaient ensuite l'assemblée électorale par laquelle étaient choisis les représentants du département à l'assemblée nationale. Cette loi de 1789 ne fut pa mise en vigueur.

---

(1) Cahiers ; mémoires contenant les demandes, propositions, remontrances adressées au souverain par les membres d'un corps d'état. Recueil des instructions écrites que chacun des trois ordres remettait à chacun des mandataires qu'il envoyait pour le représenter, et dans lequel on signalait au Roi et à la réunion des députés, convoqués en états généraux, les points qui appelaient des réformes.

L'usage de ces cahiers est très-ancien, puisqu'aux états généraux de 1483, sous la minorité de Charles VIII, on employa tout un mois à prendre connaissance des cahiers dressés par les bailliages. Le dépouillement et le classement de ces cahiers servaient à former de nouveaux cahiers qui prenaient le nom de cahiers des états, et qui, en 1483, étaient au nombre de cinq : 1° cahier de l'Église ; 2° de la noblesse ; 3° du tiers-état ; 4° de la justice ; 5° du commerce.

La constitution du 30 septembre 1791 maintint l'élection à deux degrés. Elle convoqua tous les citoyens d'un même canton en assemblées primaires, et les appela à nommer des électeurs qui se réunissaient ensuite au chef-lieu du département pour élire les députés. L'assemblée législative, née de ce mode d'élection, et qui tint sa première séance le premier octobre 1791, renfermait 745 membres dont 400 étaient avocats, 70 ecclésiastiques, 70 hommes de lettres, et 205 propriétaires.

En 1792, la convention était composée de 750 députés.

La constitution du 24 juin 1793 admit l'élection directe pour des assemblées formées de citoyens domiciliés depuis six mois dans un canton. Il devait y avoir un député par 40,000 citoyens. Cette loi n'a pas non plus été mise en vigueur.

La constitution du 22 août 1795 rétablit les élections à deux degrés et réduisit à 500 le nombre des députés. Ce mode fut suivi jusqu'en 1799.

La constitution de l'an VIII admit 400 représentants dont 100 pour le tribunat et 300 pour le corps législatif.

La charte de 1814 rétablit l'élection directe, mais renfermée dans les limites les plus étroites, de manière à constituer un véritable privilége.

Sous la charte de 1830, ce système fut modifié par l'abaissement du cens de 300 à 200 fr. La chambre des députés se composait de 459 membres.

Aujourd'hui le gouvernement provisoire vient d'admettre comme base des élections le suffrage direct et universel, et de fixer la représentation nationale à 900 députés, ou environ un député par 40,000 habitants, ainsi qu'il résulte de son décret du 5 mars dernier, et dont voici la substance :

Art. 1. Les assemblées électorales de canton sont convoquées au neuf avril prochain pour élire les représentants du peuple à l'assemblée nationale qui doit décréter la constitution.

» ART. 2. L'élection aura pour base la population.

» ART. 3. Le nombre total des représentants du peuple » sera de 900, y compris l'Algérie et les colonies fran- » çaises.

» ART. 4. Ils seront répartis tels qu'au tableau par dé- » partement. (*Voir ce tableau.*)

» ART. 5. Le suffrage sera direct et universel.

» ART. 6. Sont électeurs tous Français non privés, etc., » à 21 ans, et domiciliés depuis six mois.

» ART. 7. Sont éligibles tous Français non privés, etc., » à 25 ans.

» ART. 8. Le scrutin sera secret.

» ART. 9. Tous les électeurs voteront au chef-lieu de » leur canton par scrutin de liste. Chaque bulletin contien- » dra autant de noms qu'il y aura de représentants à élire » dans le département.

» Le dépouillement des suffrages se fera au chef-lieu de » canton et le recensement au département (1).

» Nul ne sera nommé s'il ne réunit 2,000 suffrages.

» ART. 10. Chaque représentant recevra vingt-cinq » francs par jour, pendant la durée de la session.

» ART. 11. Une instruction réglera les détails d'exécu- » tion de ce décret. (*Voir la Circulaire de M. le Ministre* » *de l'Intérieur aux Commissaires du Gouvernement pro-* » *visoire du 12 mars 1848.*)

» ART. 12. L'assemblée nationale constituante s'ouvrira » le 20 avril.

» ART. 13. Le présent décret sera immédiatement pu- » blié, etc. »

Bien des objections peuvent être faites sur l'exécution matérielle de ce décret; mais comme il n'entre pas dans

---

(1) Ce mode se rapporte beaucoup au dépouillement des cahiers, et on peut même dire qu'il n'est que l'application de cet antique usage.

nos vues de le commenter et que notre travail n'a pour but que d'attirer l'attention des citoyens sur la forme de notre constitution à venir, nous nous bornerons à consigner les réflexions suivantes, empruntées au comité électoral de la commune de Meudon :

« On se demande quelles sont les mesures qu'il faut » prendre pour que l'assemblée nationale soit la repré- » sentation sincère du pays entier.

» L'obligation de voter par scrutin de liste fait naître » de sérieuses inquiétudes qu'il est facile de justifier par » les chiffres suivants :

» Le département de Seine-et-Oise se compose de six » arrondissements formant une population de 470,948 » habitants. Or, la population du seul arrondissement de » Versailles atteint le chiffre de 150,175 : il en résulte » clairement que l'élection de douze députés du dépar- » tement peut être faite par ce seul arrondissement, au » détriment de tous les autres si ceux-ci ne s'entendent » pas sur le choix des candidats.

» Dans toute l'étendue de la France, deux arrondisse- » ments peuvent, en se coalisant, confisquer presque à » coup sûr l'élection à leur profit. »

Nous ajouterons, nous, encore que nous n'ayons pas à nous occuper des élections actuelles, que, tout en s'entendant, c'est ce qui arrivera dans toutes les villes et au préjudice des cantons agricoles où le mouvement des dées ne se fera bien certainement sentir que sous l'influence de ces villes.

CHAPITRE PREMIER.

La Providence, en nous dotant, par la Révolution du 24 février, d'institutions républicaines, les seules de droit naturel, a voulu joindre à ses bienfaits l'érection d'un gouvernement provisoire composé d'hommes généralement capables et dont la plupart, chose étrange et qu'on chercherait vainement dans d'autres contrées! a mérité, à divers titres, même avant ces événements, le nom de grands citoyens. Partisan de cette composition, nous ne venons pas chercher à la combattre, encore moins à la déprécier. Républicain, comme nous l'avons dit, nous voudrions voir nos institutions à l'abri de ces chocs désastreux qui ont englouti tour à tour les constitutions nées de nos désorganisations et de nos organisations sociales. Nous les voudrions voir assises assez solidement pour qu'elles puissent lutter d'elles-mêmes contre tous les partis, tels qu'ils soient. De là sont venues nos réflexions; nous les soumettons au public, qui les jugera et les appréciera selon sa volonté.

Nous ne nous faisons pas d'illusion sur ce qu'il y a d'incomplet dans notre travail; mais fort de nos bonnes intentions, nous frapperons sans distinction sur ce qui nous paraîtra vicieux.

D'abord, en lisant le décret du gouvernement provisoire qui appelle le peuple à élire ses représentants pour le 9 de ce mois, nous avons été frappé des difficultés qui naissaient pour nous de son exécution; nous avons dit que d'autres l'avaient été comme nous, mais nous avons été surtout frappé de ce qu'il y aurait encore d'incomplet dans notre future constitution; de ce qu'il y aurait de mensonger, en un mot, dans la véritable représentation du pays.

Selon nous, la représentation est positive; le droit d'élection est vrai quand les électeurs sont en contact direct avec leur candidat; quand la franchise électorale est un droit acquis et inhérent à chaque homme pour la représentation de sa personne, de sa liberté, de sa propriété, et que celui qui le possède peut l'exercer selon son jugement et sa conscience, sans éprouver de la part de son voisin aucune entrave ou aucun stimulant. Elle est mensongère quand en général le candidat est accepté sur l'avis ou la recommandation soit d'une ville, d'un club, d'un comité quelconque ou la préconisation d'un journal.

Nous déclarons positivement ne vouloir attaquer qui que ce soit; mais croit-on donc que ces professions de foi d'aujourd'hui, changées impudemment le lendemain sous les influences des coteries de chambre ou de l'intimidation, si ne n'est de la corruption; croit-on donc, disons-nous, ces professions de foi à tout jamais rayées de nos annales politiques? Non. Qu'on le sache bien : les hommes sont les hommes; il ne faut pas croire que le baptême républicain de février lavera immédiatement le péché originel de la corruption qui nous a été transmis par les années démoralisatrices qui viennent de s'écouler. Aussi nous n'hésitons pas à le dire, de telle manière qu'on l'envisage, ce mode prescrit est pernicieux et n'offrira pas plus que ses devanciers les garanties d'une véritable élection populaire.

On se plaint de l'indifférence des cantons agricoles à l'exercice de leur droit d'élection : il est pourtant bien facile de reconnaître que pour eux ce droit, dans l'état actuel des choses, est à peu près illusoire, et que leurs votes se trouveront perdus dans ce conflit qui va naître de cette foule de candidats qui leur sont inconnus en grande partie. Il est bien certain que la majorité de leurs voix, et cela est conséquent, se portera sur les hommes de leur connaissance, et généralement étrangers aux candidats qui leur sont présentés par les villes. On aura beau leur dire : Mais comment réunirez-vous les 2,000 voix voulues? le fait n'en existera pas moins ainsi que le néant de leurs votes. Cela est fâcheux. Mais après tout quel crime faire à un électeur de repousser un candidat qui lui est inconnu pour en nommer un de sa localité? Faudra-il qu'il nomme Monsieur, ou Monsieur un tel, parce que ce Monsieur lui sera présenté par la ville, et sous le prétexte que s'il n'agit pas ainsi les votes se trouveront perdus? Mais alors où donc est votre sincérité représentative ? Qu'a donc de commun un éligible proposé, qui se trouve placé à l'extrémité d'un département, ou même en dehors de ce département, avec un électeur placé au centre ou à l'autre extrémité?

Si nous abordons la question de sincérité des élections dans les villes, nous dira-t-on que là elle est plus vraie qu'ailleurs ? Qu'on le dise ou non, nous avancerons, nous, qu'elle ne l'est pas davantage, par la raison toute simple que l'aristocratie et la bourgeoisie, en général unies et ne formant dans bien des localités qu'une même caste, est en état de concorder avec l'aristocratie et la bourgeoisie des autres villes du département, et par là en mesure d'imposer à ce même département les candidats qui lui conviennent, lorsqu'au contraire, la classe ouvrière réduite à ses faibles moyens de communication, et d'ailleurs dont le temps est absorbé par ses travaux journaliers, ne peut lutter utilement pour ses propres candidats, ni, par conséquent, manifester avec fruit ses propres opinions.

Ne voyons-nous pas, nous, qui, par la nature de nos occupations, sommes en relations avec toutes les classes dans chaque ville que nous parcourons, ne voyons-nous pas ces clubs démocratiques luttant honnêtement mais paisiblement et sans succès contre ces autres clubs dits républicains, plutôt oligarchiques, qui les écrasent et les annihilent?

En parcourant rapidement les inconvénients du mode prescrit, nous croyons avoir démontré que la future représentation ne sera pas celle véritable du pays. Mais si nous acceptons l'influence de certains clubs parisiens et que nous reconnaissions à cette influence une part, si minime qu'elle soit sur les esprits, que deviennent nos élections? Ne voyons-nous pas ces clubs, de leur antre désorganisateur, exclure de la grande famille des éligibles un nombre d'hommes dont le seul tort a été de combattre en faveur de la réforme électorale qui était la seule sur laquelle, il y a peu de semaines, on pouvait raisonnablement compter? Pourquoi donc cet ostracisme contre quelques-uns au profit de quelques autres, nés d'hier, d'on ne sait d'où? Pourquoi donc ces honteuses exclusions contre des hommes honorables qui ont combattu si longtemps pour la cause libérale? Est-ce parce qu'ils ont, chaque jour, fait preuve de courage en face d'un gouvernement corrupteur; qu'ils l'ont écrasé par la force de leurs accusations, lorsqu'on vous ignorait? Comptiez-vous donc, vous, nous et des millions d'autres, sur cette république sortie de terre à la voix du peuple? Aujourd'hui que chacun l'accepte et s'empresse de concourir à son affermissement, encore qu'il soit étonné de cette nouvelle religion politique qui couvait à son insu dans son cœur, comme couve dans celui d'une jeune fille ce premier amour qu'elle ne sait s'avouer, mais qui l'entraîne, la fascine, finit par la dominer et en fait une de ces âmes aimantes prêtes à mourir pour sa nouvelle cause, pourquoi donc ces exclusions? Où sont donc ces actes qui puissent nous faires croire que ces mots sacrés LIBERTÉ, ÉGALITÉ, FRATERNITÉ sont sincères? Étrange anomalie! Là on nous dit ces nobles paroles émanées de la bouche d'un homme illustre par sa loyauté, plus encore que par son immense talent:

« Citoyens! de tous les dogmes qui ont survécu aux
» grandes chutes........ il n'y a qu'un dogme impéris-
» sable à nos yeux, c'est celui de la souveraineté nationale
» à laquelle nous ne nous permettrons jamais d'attenter
» nous-mêmes, et à laquelle nous ne permettrons jamais
» non plus qu'on attente en notre nom ou au vôtre.

» Nous nous entretenions en conseil de gouvernement
» il y a peu d'heures, et nous déclarions à l'unanimité, ce
» qui est dans la vérité, dans la nature, dans le droit
» de la souveraineté nationale, dont la souveraineté de
» la conscience individuelle est la première garantie; nous
» déclarions, dis-je, que le *gouvernement voulait peser et*
» *ne devait peser directement ni indirectement sur les élec-*
» *tions......*

» Car nous rougirions nous-mêmes des reproches que
» nous avons faits aux gouvernements qui nous ont pré-
» cédés, si, au lieu de la corruption.... nous employions
» aujourd'hui cette autre corruption, la pire de toutes,
» *la corruption de la crainte et l'oppression morale des*
» *consciences!.......* » (1)

Et plus loin, des hommes qui ne devraient que suivre
à la lettre cette déclaration, des hommes créés pour l'in-
terprétation d'aussi justes sentiments, non-seulement ne
s'y arrêtent pas, mais encore abusent de leur droit de
prononcer les exclusions dont nous venons de parler, et
même de s'imposer à leurs administrés comme leurs représentants nés, et pour cela ne reculent devant aucun de
ces nombreux moyens que leur position administrative met
entre leurs mains (2).

---

(1) Discours de M. de Lamartine au club républicain, sur les
craintes qu'a fait naître la circulaire de M. le Ministre de l'Intérieur.

(2) Nous avons à peine besoin de dire que nous n'entendons pas
ici attaquer le corps entier et même une très-faible partie de MM. les

Nous le disons hautement à ces nouveaux proconsuls : soyez franchement les représentants, les interprètes d'un véritable gouvernement républicain. Pas d'exclusion. Pas de ces sorties comme celle-ci, imputée à l'un de vos confrères d'un département voisin de Paris, qui se serait arrogé le droit de proscrire formellement un candidat, en avertissant les électeurs que, « s'ils s'obstinaient à lui » donner leurs suffrages, il y avait à Paris 80,000 ouvriers » qui ne le laisseraient pas entrer à l'Assemblée, ou s'il y » entrait, ne le laisseraient pas sortir. » (1)

Car croyez bien que les hommes, même les plus démocratiques, seraient des premiers à fouler aux pieds ces faux semblants de liberté qui ne laissent à leur suite que des haines sanglantes et ne font d'un peuple généralement ami de l'ordre qu'un peuple forcément anarchiste.

CHAPITRE II.

NÉCESSITÉ DE LA NOMINATION D'UN DÉPUTÉ POUR CHAQUE CHEF-LIEU DE CANTON. — SES AVANTAGES SOUS LE RAPPORT DE LA REPRÉSENTATION SINCÈRE DE L'OPINION DU PAYS. — AGRICULTURE NON REPRÉSENTÉE — INDÉPENDANCE DES ÉLECTIONS.

S'il est vrai, comme nous le croyons, que les votes des habitants des cantons agricoles se trouvent absorbés par l'influence des votes de la ville; que les votes de la classe moyenne et de la classe ouvrière le sont également par l'ensemble, l'accord des classes aisées; que les clubs extérieurs aient une influence quelconque sur les élections de

---

Commissaires; que ce que nous disons ne s'applique qu'à quelques-uns dont la conduite véritablement excentrique doit être réprimée et l'a déjà été en partie.

(1) Constitutionnel du 7 avril 1848.

la province ; n'est-il pas vrai dès-lors que la représentation dite nationale ne sera que la représentation d'une fraction du pays et que le système adopté laisse une lacune qu'il est nécessaire, qu'il est même indispensable de remplir, si ce n'est maintenant au moins et au plus tard par la constitution qu'est appelée à ériger l'assemblée prochainement convoquée ?

Il pourra y avoir sans doute bien des propositions à faire pour y parvenir, mais nous croyons pouvoir affirmer que la seule praticable, la seule rationnelle, dans l'intérêt que nous défendons, et par contre dans l'intérêt général, est celle que nous proposons :

La France est divisée en 86 départements, 363 arrondissements, 2,846 cantons; donc pour arriver à une représentation sincère, et nous dirons en outre indépendante, il eût été convenable non de nommer 900 députés diversement répartis par départements, mais un député par chaque canton, ou autrement 2,846 députés auxquels il faudrait ajouter, bien entendu, un supplément pour les villes de premier ordre. Car si nous n'admettions qu'un député par canton pour le département de la Seine, qui est composé de vingt cantons, il serait clair que ce nombre ne suffirait pas pour arriver à une juste représentation : ainsi des villes telles que Lyon, Rouen, Marseille, Bordeaux, Strasbourg, etc. Ce supplément formerait un nombre d'environ soixante députés qui, avec les 2,846, feraient un total de 2,900, ce nombre paraîtra exorbitant et de difficile réunion, mais nous espérons par le développement de nos pensées en démontrer la nécessité.

Quoi qu'il en soit, la concentration des votes d'un chef-lieu de canton sur un citoyen de ce canton ou du dehors, frapperait avec connaissance de cause et réveillerait chez les habitants des campagnes ce besoin de prendre part aux

élections qui seraient pour eux non plus seulement un intérêt banal résultant de l'impuissance où ils sont placés
de faire prévaloir leurs suffrages, mais bien un intérêt
immédiat, palpitant, auquel ils se seraient bientôt attachés
avec cette passion, cet amour du soi, et surtout avec cette
certitude que désormais ils comptent pour quelque chose
dans la grande famille active. Car il ne faut pas se le dis-
simuler et nous l'avons déjà dit: dans les cantons agricoles le mouvement des idées se fait peu sentir, et ce n'est
pas sans quelque raison que le journal *le Commerce* (n du
10 mars) dit à cet égard : « que l'homme s'identifie en
« quelque sorte avec le sol, qu'il y naît, y vit, y meurt
» sans participer aux agitations extérieures de la vie pu-
» blique ; que son esprit et ses aspiratons ne s'élancent
» guère au delà de l'étroit horizon qui borne ses regards.
» Qu'il faut donc s'appliquer à élargir son intelligence
» inculte ou atrophiée par une éducation vicieuse. Que
» c'est là une nécessité urgente.....»

Nous ne pouvons admettre complétement cette opinion
qui, si elle est vraie pour de certaines localités, et nous le
croyons, ne l'est pas pour toutes; car, pour qui pratique la
province, on reconnaîtra que l'éducation politique, si ar-
riérée qu'elle soit, offre plus de ressources que ne le donne
à penser ce passage.

Dans tous les cas, ce n'est pas à l'aide du mode actuel
que l'on développera son intelligences, mais c'est bien au
contraire avec ce mode qu'on le maintiendra dans son
étroit horizon; tandis qu'en le conviant directement à
élire son député cantonnal, non-seulement il donnera
de l'extension à ses pensées, mais il vous éclairera par le
modeste mandataire pris au milieu de son sein, qui vous
apportera à la chambre la connaissance pratique d'une
science qu'on ne traite là et qu'on ne traitera encore longtemps que théoriquement, persuadé que nous sommes

que sur les neuf cents députés appelés, il n'y aura peut-
être pas deux cultivateurs ; lorsque cependant, en présence du dépérissement de notre agriculture ; lorsqu'en
présence des difficultés qui surgissent de toutes parts pour
la remonte de notre cavalerie, disons-le, de la disette même
des chevaux propres à cet effet, il est si important, dans
une chambre véritablement nationale, d'avoir le concours
d'agriculteurs pratiques et de se reporter à leurs lumières.
Puis, croyez bien que ce député, choisi sans influence,
reconnu seulement capable par sa spécialité et probe, car
pour les cantons agricoles un député agriculteur et pouvant
traiter de leurs besoins, est une question vitale, tiendra à
rentrer dans ses foyers le cœur net et la conscience pure,
et sera par ce seul motif inaccessible à la corruption, si
elle n'était proscrite de nos mœurs parlementaires.

Ce serait déjà beaucoup que la concentration des votes
par chef-lieu de canton nous conduisît à une véritable
représentation nationale en nous offrant le concours réel
des cantons agricoles, mais ce ne serait pas le seul bien-
fait qui résulterait de ce système : il en est un autre qu'at-
tendent aussi des classes non moins intéressantes, la classe
moyenne et la classe ouvrière.

Nous avons dit que ces deux classes se trouveraient ab-
sorbées ; que leurs votes seraient nécessairement annihilés
par les classes aisées au moyen de leurs faciles relations
avec tout le département. Il n'en serait pas ainsi dans le
cas que nous présentons, puisque ces dernières classes
réduites à leur cercle cantonnal, et par conséquent à un
nombre qui ne pourrait que bien rarement et même presque jamais dépasser celui des deux classes dont nous nous
occupons, n'arriveraient qu'à contrebalancer leurs adversaires, si quelque part ils en avaient. C'est alors, seulement
alors que l'indépendance dans les élections existerait et
que ce suffrage universel qui a préoccupé le gouvernement

provisoire et que celui-ci a pris pour base, serait une vérité ; que la représentation serait composée réellement de toutes les classes sociales ; que depuis le plus petit jusqu'au plus grand, chacun concourrait à l'œuvre organisatrice. Car, avec la meilleure volonté du monde on ne peut pas admettre qu'il y aura égalité de classes, soit en nombre, soit en principe, dans la constituante avec le système admis et par les raisons qui précèdent. Peut-être quelques rares citoyens ouvriers y seront-ils appelés, mais dans ce cas on peut dire, sans être pour cela pessimiste, que ces rares ouvriers y seront portés par contrainte et non par amour et comme conséquence de l'égalité qui n'est encore qu'un mot parmi nous.

On nous reprochera sans doute d'admettre des divisions de classe lorsque légalement il ne doit plus y en avoir ; certainement nous aimerions mieux qu'en fait il en fût de même ; mais nous sommes dominé par le besoin de la vérité et nous ne pouvons faire que la lune soit plus brillante et plus fécondante que le soleil.

On ajoutera probablement qu'avec notre système d'élection par canton, nous entretiendrons d'égoïstes sentiments d'intérêts de clocher, lorsque nous devrions pousser à l'unité, à la fusion de toutes les parties de la France ; nous répondrons que cette fusion existant matériellement et moralement nous n'avions pas à craindre d'y porter atteinte, mais que nous voulons le gouvernement du pays positivement et non fictivement par le pays, qu'en un mot nous cherchons à repousser une fausse souveraineté nationale ; que c'est seulement en admettant un député par canton qu'on peut y arriver et que les députés élus par ce mode seront tout aussi amis de l'unité de la nation que ceux sortis par le mode prescrit, s'ils ne le sont davantage : les petits ruisseaux font les petites rivières ; les petites rivières, les grands fleuves, et ceux-ci l'Océan où vont s'unir toutes les voies irrigatoires de la terre. De même il en serait de ces députations partielles qui porteraient leurs diverses lumières réunies en un faisceau au centre de l'état.

CHAPITRE III.

INCONVÉNINTS DU SIÉGE DE LA REPRÉSENTATION NATIONALE A PARIS.— RENVOI DES ÉLECTIONS DU 9 AU 23 AVRIL PAR L'INFLUENCE DES CLUBS.

On nous accusera probablement d'avoir conçu le dessein d'éveiller les susceptibilités provinciales, et on nous rangera peut-être parmi les ennemis de l'unité nationale en France, en nous imputant le désir de défendre l'indépendance des localités : nous déclarons repousser à l'avance ces accusations, qui, si elles nous étaient adressées, ne nous empêcheraient pas de suivre le développement de nos idées, quoi qu'il puisse en résulter : convaincu, que nous sommes, que c'est dans l'intérêt général que nous écrivons et non dans des vues d'étroit égoïsme ou de perturbation.

Nul ne niera que si Paris est le centre de la civilisation, des idées généreuse; le siége de toutes les parties de l'action publique ; de toute action politique, administrative, judiciaire, scientifique, militaire, etc., et qu'il a, pour ce qui concerne les modifications des pouvoirs publics, l'initiative ; nul ne niera non plus qu'il est souvent pernicieux que tous les corps qui dominent en France y soient réunis et que souvent la province a été victime de cette énorme agglomération, soit dans la personne de ses représentants (1),

---

(1) Voir Thiers, page 183, 4e vol., sur les événements du 2 juin, plus connu sous le nom du 31 mai, relativement à l'arrestation de vingt-deux députés, dits les Girondins. Voir, même vol., page 200, au sujet de la fédération des départements de la Normandie, de la Bretagne, tels que ceux des Côtes-du-Nord, du Finistère, du Morbihan, etc., etc., qui proposaient d'aller détruire la Convention usurpatrice ou opprimée, siégeant à Paris.

soit dans l'intérêt de son repos et de sa dignité (1) ; que
si la France départementale nourrit une certaine prévention contre celle de Paris, et que si, surtout, elle craint
pour ses représentants à la future Convention nationale,
comme le ferait croire l'article du *Constitutionnel* rapporté
par le *Siècle*, n° 94, du 4 de ce mois, que nous citons ici :

« Les menaces indirectes qui ont été adressées d'avance
» à l'Assemblée nationale par des minorités, résolues à
» maintenir, selon l'expression consacrée, le pays en révo-
» lution, c'est-à-dire à imposer leur volonté par la force
» de la majorité de l'assemblée délibérante, ont porté leur
» fruit et jeté l'inquiétude dans la France entière. Déjà
» Nantes signe une pétition demandant que l'*Assemblée*
» *nationale ne siége pas à Paris*, mais dans une des villes
» centrales de France, et qu'une garde spéciale, composée
» de détachements députés par toutes les gardes nationales
» de France, s'y concentre pour protéger la liberté des
» délibérations. Des pétitions semblables se signent, dit-on,
» dans la Bretagne, et cette pensée est accueillie sur plu-
» sieurs points du territoire. »

Que si la France départementale, disons-nous, nourrit
une certaine prévention contre celle de Paris, il faut bien
reconnaître que ce n'est pas sans raison et que l'expérience
et l'histoire sont là pour l'entretenir dans ses préventions.
Nous ne voulons certainement pas porter les départements à réagir contre Paris, encore que cette cité, que
nous aimons avant tout, pèserait sur leurs intérêts, mais
nous voulons, s'il est possible, éviter le retour de scènes
telles que celles qui se sont répétées tant de fois dans nos

---

(1) Sans se reporter à l'histoire de notre première révolution, il
suffit de réfléchir sur l'histoire d'aujourd'hui et de s'emparer des
actions de certains commissaires du gouvernement dans la province,
pour reconnaître tout ce qu'il y a de vexatoire dans leur conduite
pour les départements.

premières assemblées (1) et que rien n'annonce ne pas devoir se renouveler, si nous nous reportons à la malheureuse influence qui s'est manifestée dans le report des élections au 23 avril et dont les conséquences épouvantables, qu'on évitait en les maintenant à la date primitivement fixée, se sont fait sentir et se font sentir chaque jour si malheureusement, tant sur les affaires commerciales que sur une masse d'esprits que le gouvernement provisoire, par cette condescendance, s'est aliénés. Certes, sans cette pression de fer qui naît déjà de ces clubs renouvelés de ceux des Jacobins, des Cordeliers, de ces sociétés

---

(1) Nous renverrons nos lecteurs pour connaître ces scènes dans leur entier à l'Histoire de la Révolution par Thiers, notamment au 4ᵉ volume déjà cité, pages 61, 67, 108, 110, 136, 167, et nous nous bornerons à rapporter ces trois principaux passages pris dans le même volume : le 1ᵉʳ, page 127 :

« Au sujet de la pétition concernant l'arrestation d'Hébert.....
» Isnard présidait en ce moment et devait répondre à la députation :
» Magistrats du peuple, dit-il d'un ton grave et sévère, il est urgent
» que vous entendiez des vérités importantes. La France a confié
» ses représentants à la ville de Paris, et elle veut qu'ils y soient en
» sûreté. Si la représentation nationale était violée par une de ces
» conspirations dont nous avons été entourés depuis le 10 mars, et
» dont les magistrats ont été les derniers à nous avertir, je le déclare
» au nom de la République, Paris éprouverait la vengeance de la
» France et sera rayé de la liste des cités.....»

Le 2ᵉ, page 175 : La séance de la Convention commence, et Lanjuinais...... que ni *les Tribunes*, ni la Montagne ne peuvent intimider, est le premier à demander la parole...... des cris épouvantables interrompent à chaque instant ses paroles...... le désordre est dans toutes les parties de l'assemblée, et *les hurlements des tribunes achèvent de rendre cette scène la plus effrayante qu'on eût encore vue.* ......

Le 3ᵉ, page 180.... Depuis le refus de statuer sur la pétition de la commune, la consigne avait été donnée, à toutes les portes, de ne plus laisser sortir un seul député. Plusieurs avaient vainement essayé de s'évader ;..... tous ceux qui essayèrent de sortir furent forcément retenus. Boissy d'Anglas se présente à une porte, reçoit les plus mauvais traitements, et rentre en montrant ses vêtements déchirés. A cette vue toute l'assemblée s'indigne............

dites de la Fraternité, de l'Archevêché, etc., sa probité et son courage, que nous apprécions mieux que personne, ne lui eût pas permis un coup porté aussi mortellement aux affaires déjà si grandement ébranlées par la commotion révolutionnaire, et de conserver un pouvoir provisoire aussi longtemps qu'il l'a fait et qui s'affaiblit forcément de jour en jour au détriment de notre jeune République. Puis les départements ne sont-ils pas déjà menacés de ces émissaires clubistes dont les invasions dans la province ne conduiront qu'à l'anéantissement du feu républicain qui animait la grande majorité des citoyens? Nul n'ignore, que nous sachions, que la contrainte et la violence morale sont les armes contre lesquelles les esprits se rébellionnent le plus promptement, et que chaque homme, à tel rang qu'il appartienne, tient, avant tout, à sa propre conviction et à la dignité qui en résulte pour lui, et que, dût-il marcher dans une voie opposée à cette conviction, il le ferait plutôt que de se soumettre à ces nouveaux directeurs de consciences politiques.

Nous induirons donc des scènes dont nous parlons, de ces certaines dispositions clubistes de la capitale à les renouveler en s'immisçant dans le pouvoir pour le dominer, qu'il y a de graves inconvénients à laisser à Paris le siége *général* de la représentation nationale, non qu'elle ait quelque chose à craindre d'un peuple loyal près duquel, plus d'une fois, nous avons combattu, mais parce qu'il y a et y aura toujours dans son sein de ces hommes turbulents à qui rien ne coûte, et qui seront toujours prêts à lancer aux tribunes ces hideuses phalanges instruments de leurs despotiques envahissements; parce qu'enfin, quoiqu'on ait dit que les représentants trouveraient la meilleure des sauvegardes dans l'énergie du gouvernement provisoire et dans l'honneur de la population parisienne, auxquels nous accordons sans conteste ces qualités; parce qu'enfin, ajouterons-nous, rien ne dit que nous n'aurons pas de nouveaux 18 brumaire ou d'autres journées aussi favorables au despotisme!

Nous savons fort bien, et nous le répétons chaque jour aux personnes contemporaines de notre première révolution qui nous manifestent quelques craintes, que nos mœurs actuelles et leur douceur; que l'instruction répandue dans toutes les classes, surtout à la ville, sont bien loin de l'époque que nous avons été forcé de prendre pour exemple; qu'en admettant quelques revirements politiques, les plus hardis anarchistes reculeraient devant la répulsion du pays que l'habitude du travail et le besoin d'ordre qui en résulte ont rendu ennemi juré de toute perturbation! Mais si nous savons cela, nous n'ignorons pas non plus les faits récents et les dispositions dont nous avons parlé. Au surplus, disons-le de suite, nous sommes mûs, on le verra bientôt, par d'autres raisons que celles dont nous venons de faire l'exposé; quoique, cependant, ce soient ces raisons qui nous aient amené à nos réflexions et conduit au développement d'une nouvelle, et, nous osons le croire, plus sûre organisation représentative.

CHAPITRE IV.

DE LA NÉCESSITÉ D'UNE REPRÉSENTATION PAR DÉPARTEMENT. — CENTRE DE LA REPRÉSENTATION GÉNÉRALE A PARIS. AVANTAGE DE CE MODE DE REPRÉSENTATION.

Paris, à la vérité, est composé d'une population formée aux trois quarts de citoyens appartenant, par leur naissance et leurs familles, aux divers départements de la France. Ainsi, il est incontestable que ces éléments populaires font une ville qu'on ne peut isoler du reste de l'empire. Il est le point central où viennent rayonner tous les intérêts qui se croisent d'une extrémité à l'autre du pays. Aussi ne voulons-nous pas le déposséder complétement de l'action qu'il exerce sur sa circonférence. Nous voulons l'alléger, en faveur des départements, d'une partie de ses charges politiques, tout en lui laissant son initiative, modérée cependant et contrebalancée même par celle de ces derniers. Il est, dit-on, la tête du pays et même du monde entier, et ceci admis, on reconnaîtra qu'une tête aussi colossale doit reposer sur un corps et des membres au moins en harmonie avec elle. Car, autrement cette tête, hors de proportion, sera toujours funeste à ses membres chargés d'un poids qui les écrase, et, dès-lors qu'il n'y a plus de proportion, il est certain que le corps sera toujours victime des extravagances du cerveau qu'elle contient. Or, pour arriver à modérer ces extravagances et même les paraliser, il est de toute nécessité, selon nous, non de déshériter la capitale, comme on le proposerait, de l'intégrité de la représentation nationale, mais de retrancher de son sein une grande partie, c'est-à-dire le corps de cette représentation, pour la reporter dans chaque département et créer ainsi une base représentative sur laquelle reposerait la sécurité du pays, dans le cas où nous serions appelés à voir le renouvellement des choses rapportées dans le chapitre qui précède.

Nous entendons crier à l'*utopie*, à cette seule idée ; ce n'en est cependant point une, et l'exemple de nos conseils généraux est là pour attester que notre proposition est acceptable. Dans tous les cas, nous répondrons, dès à présent, à ces cris par ce passage de A. de Vitry :

« Ceux qui tournent en dérision tout projet de réforme
» nécessaire ou utile, ceux qui croient jeter du ridicule
» sur toute vue nouvelle de bien public en criant à l'*utopie*,
» ne s'aperçoivent pas qu'ils nient l'influence des senti-
» ments moraux sur la société, ... mais ce dont les
» adversaires de toute vue qui paraît nouvelle se doutent
» bien moins encore, quand ils s'irritent ou qu'ils s'égaient

» aux dépens des utopistes, c'est que les prétendues *uto-*
» *pies* ne font que reproduire, ou devancer de peu, des
» faits réels déjà consacrés par l'histoire, ou qu'elle ne
» tardera pas à enregistrer. »

Nous avons établi, chapitre II de notre Opuscule, que
pour arriver à la sincérité des élections, et à une véritable
représentation du pays, il fallait un député par chef-lieu
de canton, ou, dans les conditions prévues, environ 2,900
députés. Ce nombre fournirait à peu près, par département,
de 33 à 34 représentants qui se réuniraient à chaque
chef-lieu de ce département en assemblée locale pendant le
temps nécessaire aux discussions législatives et aux intérêts généraux de la patrie. A chacun de ces députés il
serait alloué quinze francs par jour.

Ces quatre-vingt-six assemblées locales enverraient à
l'assemblée centrale, dont le siége serait à Paris, trois de
leurs membres, plus ou moins si on le jugeait à propos,
tirés de leur sein par voie d'élection, qui formeraient un
nombre de 258 députés, ou, autrement dit, l'âme de la
représentation nationale. Chacun de ceux-ci recevrait
vingt-cinq francs par jour.

Ces assemblées partielles, tout en s'occupant de la discussion des projets de loi qui leur seraient soumis par le
pouvoir exécutif, ou dont elles croiraient devoir prendre
elles-mêmes l'initiative, rempliraient aussi les fonctions de
conseils généraux. Le résumé de leurs discussions serait
fait en un procès-verbal de séance qui serait adopté à la
majorité et expédié par elles à leurs représentants membres de l'assemblée centrale à Paris, qui en ferait le dépouillement, ainsi que nous l'avons dit des anciens cahiers ;
laquelle, ce dépouillement opéré, réunissant les divers
éléments dont se composeraient les procès-verbaux de
chaque assemblée départementale, en ferait un corps de
lumières pour ses propres discussions et une base sur

laquelle elle s'appuierait pour l'élaboration des lois qui lui seraient soumises ou qu'elle proposerait, et qu'elle n'adopterait qu'à la majorité. Ces lois ainsi adoptées par elle seraient renvoyées à la sanction des quatre-vingt-six assemblées qui rempliraient alors le double rôle des anciennes chambres des députés et des pairs par le droit de seconde discussion qui leur serait réservé. L'exécution de ces lois, émanant à la fois de l'assemblée centrale et des quatre-vingt-six assemblées départementales, et qui seraient la véritable expression des besoins du pays, comme l'expression de sa propre volonté, appartiendrait au pouvoir exécutif qu'elle aurait créé.

Si bref que soit le développement de notre pensée, nous croyons qu'il suffira, comme nous l'avons dit, pour attirer l'attention de tous les citoyens sérieux et notamment de ceux appelés à la fondation de notre constitution. Nous avons d'autant plus de foi dans cette organisation législative, que pour nous et, nous l'espérons pour bien d'autres, s'il en résultait quelques inconvénients, il en résulterait d'immenses avantages que nous n'enregistrerons pas tous ici, mais dont le simple résumé de quelques-uns suffira aussi pour nous faire comprendre des personnes qui voudront bien nous lire.

En tête de ces avantages, nous placerons celui que, dans le cas où l'assemblée centrale viendrait à être paralysée ou dominée par les envahissements quelconques des esprits turbulents de Paris, elle pourrait se retirer dans telle ville que bon lui semblerait, appuyée de ses quatre-vingt-six racines, qui seraient inaccessibles aux ouragans des hideuses phalanges dont nous avons parlé, car il ne suffirait plus aux passions subversives qui giraient dans le sein de la capitale de *démolir* le pouvoir central ainsi que le pouvoir exécutif, mais la représentation nationale étant toujours vivante dans toute la France, il faudrait aussi pouvoir anéantir ces quatre-vingt-six têtes appuyées sur le peuple qui les aurait élues, et qui seraient placées là en sentinelles pour la surveillance des lois, leur exécution et la conservation des droits garantis par la constitution. Croit-on que si une pareille ramification représentative eût existé en 1814 et 1815, de si funeste mémoire, il eût été assez pour la conquête de la France, que les armées étrangères s'emparassent de Paris? Non. Du moins c'est notre conviction. Et puis croit-on encore que les départements se seraient fédérés, comme en 93, pour *aller détruire la convention usurpatrice ou opprimée siégeant à Paris?* Non.

Nous ferons suivre cet avantage de celui qui en résulterait pour l'éducation politique des citoyens des campagnes et d'une grande partie de ceux des villes restés jusqu'ici étrangers aux discussions de la tribune soit par leur isolement, soit par la privation de leurs droits électoraux dans laquelle ils ont été si longtemps maintenus, et dans la possession desquels ils viennent de rentrer par le fait de notre dernière révolution ; car on comprendra que chaque convention départementale étant placée au milieu des populations même qui l'auront élue, il serait facile à ces populations d'assister à ces discussions, de s'y former et de voir, si bon leur semblait, comment sont traités leurs intérêts, tant dans le sein de cette convention que dans celui de la convention centrale siégeant à Paris, par les comptes rendus de la presse, qui, les intéressant désormais, prendrait une extension beaucoup plus grande, et viendrait faire circuler dans leurs esprits l'intelligence politique qui adoucit les mœurs et fait comprendre à chacun ses droits. On sait qu'il est peu de pays qui offrent, pour l'exécution des lois, plus de facilité qu'en France ; que cependant il est encore bien des contrées où on les exécute avec peine, faute d'être comprises, et que, l'étant enfin, bien des coalitions désastreuses disparaîtraient de nos campagnes, puisqu'il est vrai que ces campagnes auraient immédiatement et directement concouru à l'élection de leur représentant, qui, rentré dans ses foyers, viendrait encore leur fournir de vive voix partie des lumières que lui-même aurait acquises dans la discussion. Qu'on ne s'y trompe pas : cet avantage ne serait certainement pas le moins important, et nous dirons de plus que c'est l'un de ceux qui auraient le plus d'influence sur *l'intelligence occulte ou atrophiée* des peuples, comme on le dit, *par une éducation vicieuse,* et qu'il est d'une si grande *nécessité* de faire disparaître. Ce serait aussi le plus sûr moyen d'élargir *l'étroit horizon qui borne ses regards.*

Nous pourrions ajouter, et nous le ferons, que ce mode, loin de provoquer une scission entre les départements et la capitale, comme on aurait pu nous accuser de la vouloir, resserrerait, au contraire, les liens qui les unissent par la force et la confiance qui en résulterait pour ceux-là et la sécurité pour celle-ci. Qu'il en résulterait aussi un coup mortel pour la corruption et les défections dont nous avons eu tant d'exemples, par cette raison que des partis auraient beau se former une existence au sein de la représentation centrale, leurs désirs ou leurs passions viendraient se briser contre la modération de ses mères communes, si nous pouvons nous exprimer ainsi, les chambres départementales, placées naturellement en dehors de ces passions et de ces partis.

On aurait tort de penser que notre système n'est qu'un rêve et impossible à réaliser, car les communications directes entre la chambre centrale et les chambres départementales, à part les distances, ne seraient pas plus difficiles que celles qui étaient nécessaires aux anciennes chambres pour le renvoi de l'une à l'autre, des lois élaborées dans leur sein respectif, puisqu'il ne serait pas besoin de relations immédiates, qui du reste, viendraient d'elles-mêmes par la suite des temps, et dès à présent par l'entremise de la presse provinciale, entre les chambres des départements ; et on remarquera que sons le dernier règne et ceux qui l'ont précédé, le gouvernement consultait, comme il devait consulter les conseils généraux pour avoir d'eux, outre les renseignements qu'apportaient isolément les membres de la chambre des députés, la manifestation des besoins de chaque province et les vœux qui en résultaient ; que ces vœux, tout en partant de plusieurs points de la France, étaient souvent unanimes dans leurs réclamations ; qu'enfin, au lieu d'être recueillis ainsi, ils se trouveraient désormais manifestés de fait dans les discussions concernant les intérêts universels du pays et ceux de localité.

Nous bornerons là l'exemple des principaux avantages que nous voyons, et nous dirons seulement que, du principe que nous proposons, il en découlerait une infinité d'autres pour le bien général et pour le repos civil en particulier.

CONCLUSION.

Nous pensons avoir suffisamment démontré que la sincérité des élections n'existerait pas plus avec le mode adopté par le gouvernement provisoire, qu'il n'existait avec ceux qui l'ont précédé ; que la prétendue universalité des suffrages, tout étant réelle en droit, n'était qu'une fiction en fait, par la presqu'impossibilité où se trouvaient placées les classes moyennes, les classes ouvrières et les classes agricoles, de faire valoir leurs votes ; que, pour y parvenir, il fallait de toute nécessité concentrer les élections dans un cercle cantonnal et non les étendre à tout un département.

Nous avons démontré de même qu'il était dangereux de concentrer toute la représentation nationale à Paris : nous avons parlé des craintes qui se manifestaient avec quelque raison dans la province; nous avons dit, et croyons l'avoir prouvé, qu'il était possible, tout en conservant à Paris le droit d'initiative que sa position et sa population hétérogène lui donnaient forcément, de reporter aux départements une grande partie de la représentation nationale, et de fournir ainsi à ces derniers une force qui leur permettrait de contrebalancer l'influence de cette cité, influence qui leur a été, ainsi qu'à elle, plus d'une fois funeste; nous avons fait ressortir une partie des avantages immenses qui résulteraient d'une ramification législative dans toutes les parties de la France, surtout pour la stabilité du gouvernement démocratique.

En nous livrant à ce travail, nous croyons avoir fait une action louable, en ce sens qu'il n'a été entrepris que pour le bien de tous; et nous osons espérer que, si on n'admet pas l'intégralité de notre système, on jugera au moins nécessaire d'en adopter une partie. Nous croyons donc dès-lors pouvoir proposer à tous nos concitoyens, sans distinction d'opinion et de contrée, d'insister fortement, dans les réunions préparatoires des élections générales qui vont avoir lieu, pour que les candidats élus demandent formellement, lors de la constitution, qu'il y soit stipulé :

1° Que les élections à venir auront lieu à chaque centre cantonnal de la France, telle soit l'importance du canton;

2° Qu'il sera nommé un député par chef-lieu de canton, sauf à adjoindre à ce député un supplément en rapport de la population dans les villes considérables comme Paris, Lyon, Rouen, Marseille, etc.;

3° Qu'il sera créé, par département, une chambre représentative composée des députés de ce département;

4° Qu'il sera créé une chambre centrale représentative à Paris, dont la ramification s'étendra aux 86 chambres des départements; que cette chambre centrale ne sera composée que de membres tirés par élection du sein de ces dernières et non d'ailleurs;

5° Que la durée législative de ces chambres centrales et départementales sera la même, ainsi qu'il en était des anciennes chambres des pairs et des députés;

6° Qu'en cas d'événements qui forceraient la chambre centrale à quitter Paris, elle aura le droit, à la majorité et sur l'avis des chambres départementales, de transférer son siége dans toute autre ville, afin que la représentation soit toujours permanente pendant le cours de la durée législative;

7° Que la dissolution de ces chambres, du sein desquelles sera tiré le pouvoir exécutif, ne pourrait être prononcée, sous aucun prétexte, pendant le temps fixé pour leur existence, si ce n'est par elles-mêmes et à la majorité des voix réunies en faisceau à la chambre centrale, etc., etc.

Nous finissons notre travail en priant nos lecteurs, s'il leur restait quelque doute sur la nécessité de notre proposition, de vouloir bien se reporter au Bulletin n° 16 de la République, émanant du Ministère de l'Intérieur, et dont voici un passage :

« . . . . . Les élections, si elles ne font pas triompher » la vérité sociale, si elles sont l'expression des intérêts » d'une caste, arrachées à la confiante loyauté du peuple, » les élections qui devraient être le salut de la République, » seront sa perte, il n'en faut pas douter. *Il n'y aurait* » *alors qu'une voie de salut pour le peuple qui a fait les* » *barricades, ce serait de manifester une deuxième fois sa* » *volonté et d'ajourner la décision d'une fausse représenta-* » *tion nationale . . . . »*

Ils pourront aussi se reporter au journal *la Réforme*, n° du 16 courant, et y lire . . . . « Il faut, dans l'intérêt » du peuple, si longtemps opprimé par les oligarques de

» clocher, réduire ces tyranneaux à l'impuissance, et mon-
» trer enfin que si la République est juste et tolérante,
» elle sait se faire respecter. . . . . »

Nous ignorions ces dispositions en rédigeant notre chapitre 3, traitant des inconvénients de la représentation générale à Paris, car si nous les avions connues, nos exemples n'avaient pas besoin de remonter si haut pour les faire sentir.

Nous exhortons donc tous les électeurs et éligibles à provoquer instamment les élections par canton qui, nous en sommes pénétré, ne laisseraient pas ce malheureux doute : *sont l'expression des intérêts d'une caste, arrachée à la confiante loyauté du peuple.*

Nous les exhortons de même à provoquer notre organisation législative, afin d'éviter *au peuple des barricades de manifester à l'avenir sa volonté par la violence.*